PANEGYRIQUE

DE

S. VINCENT DE PAUL

PANÉGYRIQUE

DE

S. VINCENT DE PAUL

PAR

M. L'ABBÉ J. GILLET

SUPÉRIEUR DU PETIT SÉMINAIRE DE REIMS

Prononcé le Dimanche 15 Avril 1888

DANS

LA CHAPELLE DES PRÊTRES DE LA MISSION, A PARIS

Pauperes Sion saturabo panibus.
Je rassasierai de pain les pauvres de Sion.
(Psalm. CXXXI, 15.)

PARIS

IMPRIMERIE D. DUMOULIN ET Cie

5, RUE DES GRANDS-AUGUSTINS, 5

1888

PANÉGYRIQUE

DE

S. VINCENT DE PAUL

> *Pauperes Sion saturabo panibus.*
> Je rassasierai de pain les pauvres de Sion.
> (Psalm., CXXXI, 15.)

MES FRÈRES,

Par ces pauvres dont il est si fréquemment question dans l'Écriture et dans la tradition de l'Église, il ne faut pas entendre seulement les indigents réduits à l'extrémité de la misère, mais encore cette foule d'hommes qui vivent du travail de leurs mains, ces artisans, ces laboureurs, ce peuple, en un mot, vers lequel le Sauveur est venu, avec une prédilection marquée, apporter la consolation et le salut. C'est sur ce peuple que son cœur s'attendrit dans le saint Évangile : *Misereor super turbam*, dit-il, j'ai pitié de cette foule. C'est pour subvenir aux besoins de ce peuple qu'il opère, au désert, la multiplication des pains. Mais comme l'homme ne vit pas seulement de pain, c'est surtout de bonnes et salutaires instructions, c'est de la vérité, de la foi religieuse que le Sauveur s'applique à le nourrir. A lui il distribue ses paraboles si transparentes et si populaires ; à lui il prêche les béatitudes évangéliques ; vers lui, du haut de la croix, il étend ses bras comme un suprême appel à la miséricorde. « Pendant tout le jour, » dit-il par son prophète, « j'ai tendu mes bras vers le peuple, malgré son incrédulité et ses contradictions. »

Vivante image du Sauveur sur la terre, saint Vincent de Paul tourne aussi vers le peuple tous les efforts de sa charité. Il est ému de son sort comme le fut le divin Maître ; et comme le divin Maître aussi, il lui procure le pain d'une saine et utile instruction, le pain et les secours matériels, le pain de la foi religieuse.

Vincent de Paul, apôtre du peuple, communiquez-nous une étincelle de ce foyer de charité qui dévorait votre grand cœur.

Que votre âme plane sur cette pieuse assemblée réunie pour vénérer vos précieuses reliques en cette fête de leur translation. Soyez vraiment tout entier au milieu de nous ; aidez-moi à rappeler avec fruit vos plus signalés bienfaits.

I

Et d'abord Vincent de Paul s'appliqua à développer l'instruction populaire et chrétienne.

L'Église assurément n'avait pas attendu le dix-septième siècle pour s'occuper de l'instruction du peuple. Les écoles épiscopales, monastiques, paroissiales, étaient multipliées à l'infini sur la surface de notre pays ; et les procès-verbaux des visites pastorales des évêques, conservés dans nos archives, sont venus prouver aux esprits les plus prévenus combien florissante fut, pendant de longs siècles, l'instruction primaire épanouie au seul souffle de l'Église[1]. Toutefois, au commencement du dix-septième siècle s'éveillait dans l'Église de France une plus vive sollicitude en faveur de l'enseignement populaire. Le clergé de Paris n'avait rien de plus à cœur. M. Olier, fondateur de Saint-Sulpice, en faisait l'objet de ses constantes préoccupations ; et son digne émule, M. Bourdoise, s'en allait répétant avec l'énergique langage de son zèle que les ecclésiastiques les plus distingués devraient se charger du soin des écoles, que les docteurs de Sorbonne n'y seraient pas trop bons, et qu'un prêtre qui voudrait être canonisé n'aurait qu'à se faire maître d'école. Ce prêtre se trouva bientôt ; il est aujourd'hui fort avancé sur le chemin de la canonisation ; vous le fêtiez hier avec une piété dont le monde chrétien tout entier a été ému, il s'appelait Jean-Baptiste de la Salle.

Vincent de Paul nous apparaît frappé d'un semblable souci pour l'instruction du peuple. Sans doute sa vocation et l'immense variété des œuvres auxquelles il devait se consacrer ne lui per-

---

1. Voir l'abbé Allain, *l'Instruction primaire en France avant la Révolution*. — Voir aussi dans l'*Histoire du bienheureux J.-B. de la Salle*, par Ravelet, les chapitres v, vi et ix : *Les Écoles sulpiciennes, Vaugirard, les Écoles de province*. — *Vie de saint Vincent de Paul*, revue par un prêtre de la Mission. Tome II, pages 447 et suiv.

mirent pas de s'enfermer en ce seul ministère ; mais il lui donna une attention que je me plais à mettre en ce moment en lumière.

Observons d'abord que Vincent de Paul possédait éminemment toutes les qualités nécessaires pour donner une sage et ferme impulsion à l'œuvre des écoles, savoir : l'intelligence, le jugement, l'esprit de foi.

L'intelligence en Vincent de Paul était remarquable. L'aimable saint, dans son humilité, a si souvent répété qu'il n'était pas plus fort qu'un élève de quatrième, qu'il était le plus rustique et le plus ridicule de tous les hommes, incapable de dire six paroles de suite sans paraître n'avoir ni esprit, ni jugement, ni vertu ; il a caché avec tant de soin ses qualités intellectuelles, que plusieurs, même parmi ses fidèles amis, s'y sont naïvement laissé prendre ; ils ont eu la simplicité de croire que Vincent de Paul était un esprit médiocre et vulgaire ; et parfois même ils eussent volontiers demandé grâce pour son ignorance à raison de sa charité. Mais, mes Frères, il en fut bien autrement. L'esprit de Vincent de Paul fut avant tout sans doute solide, simple et modeste ; et ceci est précisément la marque des meilleurs esprits. Bien différent de tant de gens superficiels, qui mettent le brillant de l'apparence au-dessus de la réalité, Vincent de Paul se soucie assez peu des fleurs, il cherche la saveur et la substance des fruits. Il fait même de l'éclat de la fleur l'objet d'un sacrifice singulièrement délicat et méritoire pour un homme de sa valeur, et voici ce qu'il a écrit dans ses résolutions : « Si je fais une action publique, j'en retrancherai tout le lustre que je pourrais y mettre, et je me bornerai au simple nécessaire ; de deux pensées qui me viendront à l'esprit, je produirai la moindre et la plus simple, retenant la plus belle pour la sacrifier à Dieu au fond de mon cœur, par amour pour Notre-Seigneur qui ne se plaît que dans la simplicité des actions et des paroles [1]. » Résolution touchante, résolution héroïque, qui nous peint d'un trait l'esprit de Vincent de Paul.

Solide et simple, l'esprit du saint homme n'en fut pas moins pénétrant et cultivé. Les témoignages contemporains ne sauraient

---

1. *Vie de saint Vincent de Paul,* t. II, p. 450.

laisser de doute sur ce point. Assurément, il était un esprit supérieur ce prêtre, docteur de Sorbonne ; ce conférencier, ce maître admiré et suivi par Olier [1], Tronson [2], Bossuet ; ce casuiste dont les lumières ravissaient Condé [3]; ce sage que l'on appelait aux conseils du roi ; ce créateur hardi de tant d'œuvres absolument nouvelles ; cet orateur, cet écrivain qui, sans l'avoir jamais cherché, a laissé dans tous ses écrits la marque d'un esprit visiblement formé à

---

1. Il avait été, écrit Abelly, l'un des premiers qui vint aux exercices des ordinands pour se préparer à la réception des saints ordres, et ce fut là qu'il puisa abondamment cet esprit ecclésiastique, dont il a été si parfaitement rempli et animé. Il fut aussi l'un des premiers qui, pour mieux conserver et perfectionner cet esprit, se lia avec plusieurs autres vertueux ecclésiastiques, dans le but d'assister toutes les semaines aux conférences spirituelles qui se faisaient à Saint-Lazare, sous la conduite de M. Vincent. — Faillon, *Vie de M. Olier.*

2. Au sortir d'une de ces conférences, Tronson, supérieur du séminaire de Saint-Sulpice, transporté hors de lui-même, s'écriait : « Voilà un homme tout rempli de l'esprit de Dieu ! » ; et plus tard, Bossuet écrivait au pape Clément XI : « Élevé au sacerdoce, nous fûmes associé à cette compagnie de pieux ecclésiastiques, qui s'assemblaient chaque semaine pour traiter ensemble des choses de Dieu. Vincent en fut l'auteur ; il en était l'âme. Quand, avides, nous écoutions ses paroles, pas un qui n'y sentît l'accomplissement du mot de l'Apôtre : « Si quelqu'un parle, que sa parole soit « comme de Dieu. »

Parmi les membres de ces conférences, admirateurs de Vincent de Paul, citons encore : de Coulanges, Pavillon, Perrochel, Godeau, Abelly, Fouquet, Vialart, etc. Louis XIII et Richelieu se réjouirent de cette œuvre et la favorisèrent.

3. Le prince de Condé, un jour, voulut faire asseoir M. Vincent à côté de lui . « Votre Altesse, lui dit l'humble prêtre, me fait trop d'honneur de vouloir bien me souffrir en sa présence ; ignore-t-elle donc que je suis le fils d'un pauvre villageois ? — Les mœurs et la bonne vie, lui répliqua le prince, sont la vraie noblesse de l'homme : *Moribus et vita nobilitatur homo.* » Il ajouta que ce n'était pas d'aujourd'hui que l'on connaissait son mérite. Cependant, pour en juger mieux, il fit tomber la conversation sur quelque point de controverse. Vincent en parla avec tant de netteté et de précision, que le prince se crut obligé de lui faire une sorte de réprimande. « Hé quoi ! Monsieur Vincent, s'écria-t-il, vous dites, vous prêchez partout que vous êtes un ignorant, et cependant vous résolvez en deux mots une des plus grandes difficultés qui nous sont proposées par les religionnaires. » Il lui demanda ensuite l'éclaircissement de quelques doutes qui regardaient le droit canonique, et ayant été aussi content de lui sur cette matière qu'il l'avait été sur l'autre, il passa dans l'appartement de la reine, et la félicita du choix qu'elle avait fait d'un homme si capable de l'aider en ce qui regardait les biens et les matières ecclésiastiques. — Collet, *Vie de saint Vincent de Paul,* t. I, p. 367.

l'étude des lettres antiques [1]. Son intelligence était donc bien apte à donner une saine impulsion à l'enseignement populaire.

Son jugement l'y disposait mieux encore. C'était là, on peut le dire, la faculté maîtresse en Vincent de Paul. Le parfait équilibre de son esprit, la justesse de toutes ses vues faisaient de lui le plus sûr conseiller en toutes choses [2]. A ce titre, il excellait en matière d'instruction populaire. Aussi nous l'entendons recommander de ne pas charger l'esprit des enfants du peuple d'une masse indigeste de connaissances dont il n'ont nul besoin pour leur carrière. Il craint qu'on n'en fasse des orgueilleux, des mécontents, des déclassés. Il recommande aux dames de Sedan de faire comme ont fait celles de Reims, « lesquelles se sont bien gardées de pousser aux études des enfants qui n'y peuvent profiter, mais les ont mis en apprentissage de métiers où ils puissent honnêtement gagner leur vie [3] ». Son bon sens et son grand cœur lui suggèrent cette délicatesse de redouter dans les maîtres des écoles populaires une culture supérieure d'intelligence qui leur inspirerait le dégoût de leurs modestes et si utiles fonctions ; et il écrit un jour cette admirable parole : « Quand tout le monde aura tant d'esprit, qui donc voudra s'occuper du pauvre peuple ? »

Homme de foi surtout, Vincent de Paul voit dans l'instruction un simple moyen subordonné au but qu'il faut avant tout poursuivre, l'éducation chrétienne et le salut de l'âme. Instruisons le peuple, à la bonne heure, mais à la condition de lui apprendre tout d'abord le catéchisme, l'histoire sainte, la digne réception des sacrements, la pratique des vertus et de la morale chrétienne. Il veut que les vues de foi dominent dans les éducateurs du peuple, et il dit que les religieuses chargées de ce soin « doivent, en entrant dans la salle, se mettre à genoux pour offrir à Dieu tous les services qu'elles vont rendre à l'enfance de Notre-Seigneur dans la personne de ces petits, leur donner de l'eau bénite, les faire

---

1. On ne saurait trop admirer, en parcourant les lettres et fragments de conférences de Vincent, la propriété, la clarté des expressions, le sens plein de la phrase, la transparence du génie littéraire des meilleurs écrivains latins.

2. Voir ce que dit, sur la prudence du saint, l'auteur de sa *Vie*, revue par un prêtre de la Mission. T. II, p. 507.

3. *Lettres*, tome II, p. 70.

prier matin et soir et leur inspirer tous les actes de la piété chrétienne [1] ».

De l'instruction ainsi entendue, Vincent de Paul fait une grave et constante obligation. Il ne peut songer à lui donner pour garantie l'amende et les réprimandes municipales, mais il fait par tous les moyens appel à la conscience chrétienne ; et par une invention hardie à laquelle n'ont point songé encore nos théoriciens d'enseignement obligatoire, ce ne sont pas les parents qu'il contraint à envoyer leurs enfants aux écoles, mais ce sont les maîtres et les maîtresses qu'il oblige à aller aux enfants quand les enfants ne peuvent venir à eux. La Sœur de Charité devra faire à la campagne l'école individuelle, nomade, instruire les petites mendiantes à leur passage, chercher les bergères aux champs, leur faire la leçon pendant qu'elles sont occupées à la garde de leurs troupeaux ou qu'elles les ramènent à l'étable [2]. Avouez, mes Frères, que voilà une théorie de l'obligation fort efficace, très miséricordieuse envers les populations, et singulièrement désintéressée et généreuse de la part des instituteurs.

C'est l'esprit et le cœur bien pénétrés de ces principes, que Vincent de Paul multiplie de tous côtés les écoles populaires. Partout il y emploie ses Filles de la Charité, et souvent, dans la mesure du possible, quelques-uns de ses missionnaires [3]. C'est là sa création, son œuvre propre. Mais en dehors de celle-ci, il donne un appui, une impulsion considérable à d'autres œuvres, d'autres associations qui poursuivent le même but. Les auxiliaires les plus distingués se sont levés en effet, pour répandre l'enseignement populaire. C'est la marquise de Maignelay [4], la

---

1. Règlements pour les Filles de la Charité. Maynard, *Vie de saint Vincent*, tome III, p. 289.

2. Réglements, *ibid.*

3. *Lettres de Vincent de Paul, passim.* Le règlement de la maîtresse d'école recommande de n'admettre les enfants des riches qu'en cas de nécessité, par exemple s'il n'y avait pas d'autre maîtresse d'école. Mais dans ce cas même, « la maîtresse fera en sorte que les pauvres soient toujours préférées aux riches, et que celles-ci ne méprisent pas les autres ».

4. Charlotte-Marguerite de Gondi, sœur des deux derniers évêques de Paris et du général des Galères, avait épousé, en 1588, Florimond d'Halluin, marquis de Maignelay, qui, trois ans après, fut assassiné pendant les troubles de la Ligue. Veuve, elle renonça, quoique dans l'éclat de la jeunesse et de

sœur de l'illustre Gondi, vouée à toutes les œuvres de charité, et qui visite si régulièrement les pauvres que les chevaux de son carrosse s'arrêtent, dit-on, d'eux-mêmes à la porte des malheureux. C'est Mme de Poulaillon [1], veuve d'un gentilhomme de la cour, qui vend ses voitures et ses pierreries, se place sous la direction de Vincent de Paul, et se voue à l'instruction des enfants du peuple. Vêtue en paysanne et en servante, elle parcourt les pauvres campagnes, groupe autour d'elle d'autres jeunes filles parmi lesquelles figurent des noms illustres : Anne de Croze et Renée de Grandmont [2], alliée des Lorraine ; ensemble elles forment l'association de *la Providence*. C'est Mlle de Blosset [3], qui fonde la communauté des filles de *Sainte-Geneviève*; c'est Mme de Miramion [4], celle que Mme de Sévigné appelle la Mère de

---

la fortune, au monde et au luxe, pour vivre dans les pratiques de la piété. Son intention avait même été d'embrasser la vie religieuse dans le couvent des Capucines; mais le P. de Bérulle, le docteur Duval et d'autres sages et pieux personnages la retinrent dans le monde. Visite des malades et des prisonniers, établissements et œuvres charitables, voilà à quoi elle consacra désormais sa vie et ses richesses. Elle fut une des dames les plus zélées de l'assemblée de Vincent de Paul, et, après Mme d'Aiguillon, elle coopéra plus que personne à ses aumônes. Malgré les immenses largesses de sa vie, les legs portés dans son testament dépassèrent 400,000 livres. Elle mourut le 25 août 1650.

1. Ainsi Vincent écrit toujours ce nom, qui ailleurs est écrit souvent *Pollalion* ; ainsi, sans doute, on le prononçait, à en juger par les armes de la famille, qui portaient une *poule* et un *lion*, sur champ d'azur. Marie Lumagne, née à Paris, en 1599, avait épousé François Poulaillon, gentilhomme ordinaire de la chambre du roi, et son résident à Raguse. Outre les écoles dont nous parlons et les asiles de préservation pour les jeunes filles, elle contribua à l'érection de maisons ouvertes aux protestantes nouvelles converties et qui furent appelées *Propagation de la foi* ou *Nouvelles Catholiques*. Anne d'Autriche fit, en 1651, don à Mme de Poulaillon d'un vaste local situé près du Val-de-Grâce ; cette maison, visitée et dotée par la reine et autres dames illustres, devint le séminaire des *Filles de la Providence*. Mme de Poulaillon mourut le 4 septembre 1657.

2. Elle cacha ses titres sous l'humble nom de Renée Desbordes ; elle rendit, plus tard, un ample et éclatant témoignage dans le procès de béatification de Vincent de Paul

3. Fille d'un gentilhomme du Nivernais, elle s'était consacrée au soin des pauvres et des malades de la paroisse de Saint-Nicolas du Chardonnet, et à l'instruction des jeunes filles ; Vincent de Paul approuva et dirigea ses desseins. Elle mourut en 1642 ; sa communauté fut approuvée en 1658, par l'autorité ecclésiastique, et par le roi en 1661.

4. Marie Bonneau, veuve de J.-J. de Beauharnais, seigneur de Miramion,

l'Église [1], qui installe sur la paroisse Saint-Paul la société de la *Sainte-Famille*, l'unit à celle de *Sainte-Geneviève* et dirige bientôt plus de cent écoles. C'est Mme de Villeneuve [2], veuve à vingt-trois ans, et déjà mûrie par l'adversité, amie de Mme de Chantal, fille spirituelle de François de Sales et de Vincent de Paul ; soutenue par ce dernier, elle dirige les *Filles de la Croix*, et établit une multitude d'écoles gratuites, à l'entretien desquelles la duchesse d'Aiguillon [3], nom immortel dans les annales de la charité, donne plus de trente mille livres. Tels sont les résultats heureux auxquels contribue largement saint Vincent de Paul pour la diffusion de l'enseignement populaire.

N'est-il pas naturel de conclure que cette œuvre lui est singulièrement agréable, et que, dans nos jours si troublés, c'est entrer pleinement dans l'esprit de saint Vincent de Paul que de seconder

---

conseiller au Parlement de Paris, était née en 1620. Elle se retira, en 1649, chez les Filles de Mlle Le Gras, et n'en sortit que pour se livrer à toutes les œuvres de charité. Elle fut une des dames les plus zélées pour l'œuvre des Enfants-Trouvés, l'œuvre de l'Hôtel-Dieu, de l'Hopital-Général, en un mot pour toutes les entreprises de saint Vincent de Paul. Celui-ci approuva les règlements de la nouvelle communauté des *Filles de Sainte-Geneviève*, reconnue en 1665 par l'archevêque de Paris.

1. Lettre du 29 mars 1696, à Mme de Coulanges.

2. Marie L'Huillier, veuve de Claude-Marcel de Villeneuve, maître des requêtes ordinaires de l'hôtel du roi. Mariée fort jeune, elle eut beaucoup à souffrir du caractère difficile et de la conduite dissipée de son époux. Sous la conduite de saint François de Sales, elle avait supporté cette épreuve en femme forte et chrétienne. Veuve à vingt-trois ans, elle ne s'occupa plus que des œuvres de piété et de charité. Elle plaça dans plusieurs quartiers de Paris des maîtresses d'école pour enseigner chrétiennement les petites filles pauvres. Le P. de Lingendes la mit en relation avec les Filles de la Croix, déjà établies en Picardie. Mme de Villeneuve voulut perfectionner ces nouvelles religieuses en les envoyant pendant huit mois à la Visitation pour y puiser l'esprit de saint François de Sales, puis elle leur acheta une maison à Vaugirard, une autre dans une portion de l'ancien palais des Tournelles, lutta contre des difficultés nombreuses, aida M. Olier dans la création de son séminaire, multiplia les bonnes œuvres, et mourut en 1650.

3. Marie de Vignerod, duchesse d'Aiguillon et comtesse d'Agenois fut la Providence des œuvres de saint Vincent de Paul. En 1643, elle fit don d'une somme de 14,000 livres pour l'établissement d'une maison de missionnaires à Marseille, fut la première et la plus assidue aux assemblées de charité, donna abondamment pour l'Hôpital-Général, les Enfants-Trouvés, Saint-Lazare, les écoles, etc., et témoigna dans les difficultés que ces œuvres rencontraient une force d'âme et une constance invincible.

de tout notre pouvoir le maintien et l'extension des écoles chrétiennes.

II

En même temps qu'il développe l'enseignement populaire, Vincent de Paul distribue les secours matériels. Dans ce ministère de la charité, il enveloppe la variété des régions, la variété des moyens, la variété des auxiliaires.

Et d'abord la variété des régions. La France est naturellement le premier théâtre de sa charité. La guerre de Trente ans s'achève alors ; et sous son vêtement de gloire la patrie cache des plaies douloureuses et béantes. On cite avec un légitime orgueil les noms de Corbie repris à l'ennemi, de Dijon, de Saint-Jean-de-Losne, héroïquement défendus, d'Arras enlevé aux Espagnols. On exalte les victoires remportées sur le duc de Lorraine, les journées de Rocroi et de Lens. Mais les contrées témoins de ces nobles exploits sont en proie à d'épouvantables misères ; le passage des troupes, le feu des batailles, les épidémies, la disette, y ont multiplié les adversités.

Plus prompt à organiser les secours que les plus illustres capitaines à disposer le plan d'une bataille, Vincent de Paul vole en même temps sur tous les points. Il est en Artois, en Picardie, en Bourgogne, en Lorraine surtout ; Metz, Toul, Verdun [1], Bar-le-Duc, Pont-à-Mousson, Saint-Mihiel, reçoivent d'abondantes aumônes ; l'apôtre de la charité fait faire cinquante-trois voyages à travers lesquels un humble Frère de la Mission va porter de

---

1. Les missionnaires résidant à Verdun écrivent à Vincent de Paul qu'en 1639, 1640 et 1641, ils nourrissent en ville cinq à six cents pauvres, assistent cinquante à soixante malades, environ trente pauvres honteux, une quantité de pauvres gens des campagnes voisines et donnent beaucoup de vêtements. A Nancy, ils font vivre quatre à cinq cents pauvres, soignent dans leur propre maison quantité de malades et visitent environ quatre-vingts pauvres honteux. A Metz, il y a parfois aux portes de la ville quatre à cinq mille pauvres parmi lesquels se trouvent souvent, le matin, dix à douze morts. Les échevins de Metz remercient dans les termes les plus touchants Vincent de Paul et ses missionnaires de leur charité. Même gratitude de la part des échevins de Pont-à-Mousson.

Voir, *Vie de saint Vincent,* revue par un prêtre de la Mission. Tome II, p. 66.

nombreux subsides ; et la seule province de Lorraine reçoit seize cent mille livres de secours.

Bientôt à la guerre étrangère succèdent les discordes civiles. La Fronde apparaît, tourbillon d'humeurs brouillonnes et de jalousies implacables, lutte étrange où le burlesque se mêle à l'héroïque, la parade vaine au courage impétueux. Alors la notion du devoir s'obscurcit, la fidélité chancelle, le patriotisme a d'étranges défaillances. Turenne lutte contre le roi. Condé échappé de cette prison où, selon l'expression de Bossuet « il entra malheureux et d'où il sortit coupable », brave de nouveau l'autorité royale, et pour faire échec à la cour, se jette dans le parti espagnol. C'est la Champagne, cette fois, qui est le théâtre de la lutte. Par deux fois les armées rivales viennent se heurter près de Rethel et se répandent dans les vallées de la Meuse, de l'Aisne, de la Marne et de la Suippe. Mazarin, revenant de son exil, traverse ces malheureuses provinces avec une armée de mercenaires allemands ; et, pour comble de malheur, les troupes du fougueux duc de Lorraine, Charles IV, se précipitent pour aller à travers la Champagne donner la main à Condé rebelle [1]. La misère est immense, les ruines accumulées ; les épidémies sévissent, les rivières débordent, les saisons sont inclémentes, la terre refuse ses récoltes aux laboureurs ; partout, les ressources font défaut [2]. Mais voici venir Vincent de Paul. Chaque jour, il nourrit plus de deux mille pauvres à Paris, il en aide huit mille à Saint-Quentin ; il assiste trente-cinq villages du doyenné de Guise, trente localités de la vallée de la Vesle, soulage plus de trois mille malades, fait affluer les secours à Laon, à Reims, à Rethel. La Champagne reçoit par mois quinze mille livres [3].

---

1. Pour l'intelligence des opérations militaires en Champagne à cette époque, comparez : Dareste, *Histoire de France*, tome V, p. 344 ; Gaillardin, *Histoire du règne de Louis XIV* ; Feillet, *La Misère au temps de la Fronde*.

2. Voir pour ces détails : Abelly, Maynard, Loth, *les Lettres de Vincent de Paul*, tome II, p. 336, et les *Relations des Missionnaires*, résumées par Maynard, tome IV.

3. Vincent députe en Champagne seize missionnaires et plusieurs Filles de la Charité ; lui-même visite la contrée, crée ou développe les hospices de Montmirail, Joigny, Auxerre, Troyes, Rethel, Boult-sur-Suippe, Sommepy,

En même temps, Vincent subvient aux besoins du Maine, de l'Angoumois, du Berri ; il est en Provence, à Marseille, à Bordeaux, auprès de ses chers galériens ; son grand cœur ne peut se limiter aux frontières de la patrie ; il vole chercher de nouvelles misères à consoler en Barbarie, à Madagascar, en Pologne, dans la catholique Irlande.

A la variété des contrées qu'il embrasse dans sa charité, Vincent ajoute la variété des moyens qu'il crée pour adoucir la misère. Hospices pour les vieillards, asiles pour les enfants trouvés, secours à domicile, distributions de vêtements, placements dans les ateliers, fourniture de semences et d'instruments aratoires aux laboureurs ruinés, tout est mis en œuvre par l'homme de Dieu pour combattre le dénûment.

La variété de ses auxiliaires égale celle de ses moyens. Il fait appel aux princes, aux guerriers, aux évêques, aux prêtres, aux dames surtout. Il en a bien vite groupé dans la capitale plus de deux cents et des plus illustres. La reine est leur présidente; auprès d'elle figurent Madame la princesse [1], la comtesse de Saint-Paul, la comtesse de Soissons, la duchesse de Nemours, la duchesse d'Aiguillon et maintes autres aussi distinguées. Et j'avoue que je suis frappé de la part considérable que notre saint fait à la femme chrétienne dans l'exercice de la charité.

En ceci, Vincent de Paul sans doute suivait les traditions de l'Évangile et de l'Église. En effet, Marthe, Marie-Madeleine et les saintes femmes nous apparaissent comme les premières dames de charité de l'Église du Sauveur. Un peu plus tard, nous enten-

---

Donchery, fait restaurer les églises d'Avenay, Sillery, Avançon, Bussy près de Liesse, etc.

1. « Une fois, dit Vincent de Paul, je vis Madame la princesse, oui, Madame la princesse, aller en vingt-cinq ou trente maisons visiter les pauvres, les consoler, les traiter, et à pied. Quand elle revint, elle était toute je ne sais comment, ses robes toutes crottées jusqu'aux genoux. O Sauveur ! ô Sauveur ! ô Sauveur ! voilà comme ces bonnes dames travaillent et suent après les pauvres, et voilà comme faisait saint Louis. » — Le nombre de ces dames de Charité fut vite considérable. Car nous entendons saint Vincent de Paul, dans une des réunions, se plaindre de ce que, pour cette fois, le nombre est beaucoup moindre que d'habitude, et n'est que de deux cents... Vincent leur traça des règlements pour leur conduite personnelle, pour la visite des pauvres à domicile, à l'Hôtel-Dieu, etc.

dons saint Paul solliciter le concours des dames romaines et leur donner le beau nom de coopératrices de l'Évangile [1]. Et quand on parcourt les monuments de l'Église primitive, on est singulièrement édifié de la part que prirent à la diffusion de la foi et des œuvres de charité les Cécile, les Lucie, les Pudentienne, les Paule, les Marcelle et tant d'autres. Saint Vincent de Paul suivait donc les saintes traditions du passé.

Toutefois, son action en ce sens a été si marquée et si étendue qu'il a, plus que tout autre, contribué à créer parmi nous le type de la femme catholique française, à lui communiquer, par l'exercice bien discipliné des œuvres de charité, une force morale, une autorité domestique, un prestige de distinction chrétienne que les siècles antérieurs avaient moins généralement connus.

Initié par son ministère à la connaissance des douleurs qui attristent trop souvent les foyers mêmes les plus illustres, Vincent de Paul avait compris que le rôle de la femme chrétienne est surtout un rôle de renoncement, d'austère sacrifice, d'obscur et perpétuel dévouement ; et il sentit ce que la vue des pauvres, le contact de leurs misères et surtout la grâce attachée à l'exercice de la charité donneraient à la femme du monde de force et d'énergie morale pour supporter ses épreuves et en tirer bon parti.

Vincent de Paul comprit encore que malgré des difficultés parfois très grandes la femme chrétienne peut rester reine respectée et obéie au foyer domestique, mais à la condition d'y forcer le respect par l'élévation de ses idées, la générosité de son cœur, le sérieux de ses goûts ; et il vit dans le soin des pauvres un moyen fort efficace pour l'arracher aux frivolités de son sexe, à toutes les futilités de la vie mondaine. Surtout il accrut son prestige et sa distinction. Désormais, la femme chrétienne aura, dans les choses humaines, l'administration d'un vaste département ; ce ne sera ni le département sanglant de la guerre, ni le département stérile et échauffé de la politique, ce sera le département de la misère et de la charité. Là, elle déploiera son action, dirigée par la législation de Vincent de Paul. Là, elle deviendra une véritable puissance sociale. Là, chose remarquable, son juge-

---

1. *Epist. ad Romanos.* Cap. xv.

ment se fortifiera, ses horizons s'étendront ; et en ajoutant à ses qualités natives ce que lui donnera l'exercice de la charité, elle acquerra ce je ne sais quoi de ferme et de doux à la fois, d'austère et de bienveillant, de naturel et de distingué que le pape Pie VII disait être le caractère tout spécial des dames de charité en France [1].

Mesdames, saluez avec reconnaissance en Vincent de Paul le créateur de cet idéal. Mais, si vous voulez en conserver l'éclat, restez bien fidèles aux préceptes de votre saint législateur.

Vincent de Paul veut que vous soulagiez les pauvres par amour pour Jésus-Christ, et que vous subordonniez la distribution des secours temporels au but toujours poursuivi de sauver et de sanctifier les âmes. Faites donc converger vers cette fin tous vos moyens de charité ; et, gardez-vous bien de jamais vous inféoder à ces œuvres de philanthropie purement humaine, de bienfaisance neutre, qui ne mettent pas en première ligne le salut de l'âme et qui ne cadrent ni avec l'Évangile ni avec l'esprit de Vincent de Paul.

Votre saint législateur vous recommande de ne pas envoyer par autrui votre secours au pauvre, mais de le porter vous-mêmes et de l'accompagner de paroles cordiales, utiles et chrétiennes ; soyez fidèles à faire personnellement la visite de vos pauvres, à les éclairer, à les consoler.

Vincent de Paul vous prie de ne vous montrer et de n'aller vers les pauvres qu'avec des vêtements simples et modestes, pour ne pas éveiller dans le cœur des malheureux des comparaisons irritantes et douloureuses. Fuyez la recherche immodérée de la parure, source de tant de maux dans la société.

Vincent de Paul veut que le soulagement des pauvres soit une œuvre de mortification et d'austérité. Ne lui substituez point je ne sais quelles fêtes de bienfaisance où l'aumône sert de prétexte à de mondains plaisirs.

Mais, si efficace que Vincent de Paul ait rendu la charité des dames du monde, il voit qu'il ne saurait par elles atteindre les extrémités de la misère. Ces dames sont épouses et mères, et il faudra s'arrêter devant de légitimes oppositions, devant des répu-

---

1. Artaud, *Histoire du pape Pie VII*, tome II, p. 460.

gnances et des craintes éveillées par le souci des devoirs de la famille. Et cependant il semble à Vincent que l'on n'a pu toucher encore que les faubourgs de la misère ; on n'est pas arrivé au centre de la place.

Alors s'offre à lui, dans les dispositions d'un absolu et héroïque dévouement au service des pauvres, l'illustre descendante des Marillac, Mme Le Gras[1]. Suivie de quelques émules qu'elle façonne et qu'elle discipline, elle va former comme le bataillon sacré de la charité. Il s'avance calme et intrépide au champ de l'Eglise. Regardez ; et désormais, qui que vous soyez, chrétiens ou incrédules, amis ou ennemis, saluez, admirez et respectez. Voyez comme cette troupe d'élite gagne du terrain, et comme bien vite sont emportées toutes les citadelles de l'adversité. Soigner, dans les hôpitaux, les malades, les vieillards et les enfants abandonnés, s'asseoir au chevet des cholériques et des pestiférés, franchir, sans sourciller, le seuil des foyers les plus pestilentiels, voler au secours des blessés sur les champs de batailles, traverser les mers

---

1. Née à Paris, le 12 août 1591, Louise de Marillac descendait d'une famille originaire d'Auvergne, illustrée dans les finances, la magistrature et les armes. Elle était petite-nièce de Charles de Marillac, archevêque de Vienne, le plus habile négociateur de son temps, de Gabriel de Marillac, avocat général au parlement de Paris ; nièce de Gabriel de Marillac, garde des sceaux, et du maréchal Louis de Marillac ; tous deux enveloppés dans la journée des Dupes et qui moururent, l'un en prison, l'autre sur l'échafaud. A propos de la mort de ce dernier, Vincent de Paul écrivit à Mme Le Gras ces touchantes et remarquables paroles : « Ce que vous me mandez de M. le maréchal de Marillac me paraît digne de grande compassion et m'afflige. Honorons là-dedans le bon plaisir de Dieu et le bonheur de ceux qui honorent le supplice du Fils de Dieu par le leur. Il ne nous importe comme quoi nos parents vont à Dieu, pourvu qu'ils y aillent. Or, le bon usage de ce genre de mort est des plus assurés pour la vie éternelle. Ne le plaignons donc pas, mais acquiesçons à l'adorable volonté de Dieu. »

Mariée en 1613 à Antoine Le Gras, secrétaire des commandements de Marie de Médicis, Louise de Marillac associait aux devoirs de la famille le soin des pauvres et des malades, et les exercices de la plus fervente piété. Elle eut d'abord pour directeur Camus, évêque de Belley, l'ami de saint François de Sales, puis sur les indications de ce dernier, elle choisit pour guide Vincent de Paul. Veuve en 1625, elle s'adonna à la pratique de la plus héroïque charité, parcourant les campagnes avec ses pieuses associées, qui forment le premier noyau de l'association des *Filles de la Charité* établie le 25 mars 1634. Après une vie d'admirable dévouement, elle mourut en 1660, laissant un nom à jamais inséparable de celui de saint Vincent de Paul.

pour soulager des hérétiques, des infidèles et des sauvages; répondre à de stupides injures et à d'odieuses proscriptions par le sourire et par de nouveaux bienfaits, mépriser la vie, se jouer avec la mort, et éclairer toutes les tristesses par l'aimable entrain, la joie d'un cœur tout trempé de l'amour de Dieu : telle sera désormais, mes chères Sœurs, Filles de la Charité, votre vocation; votre fidélité à la suivre sera la gloire de votre fondateur, l'honneur de votre patrie, la source de votre éternelle félicité.

N'apparaît-il pas, mes frères, par cette esquisse rapide, que Vincent de Paul a embrassé dans son action tous les procédés, toutes les tentatives de la charité chrétienne, et que c'est à bon droit que tout récemment le souverain pontife Léon XIII lui décernait le beau titre de Patron de toutes les œuvres de miséricorde.

III

Enfin, Vincent de Paul distribue au peuple la foi religieuse. Mais, avant tout, il veut la lui donner bien pure, telle que l'enseigne l'Église romaine, la mère et la maîtresse de toutes les Églises. Alors se répandait en France l'erreur du Jansénisme, mélange d'orgueil et de duplicité, doctrine désolante qui glaçait les âmes et les éloignait des sacrements. Vincent de Paul fut l'apôtre suscité de Dieu pour combattre la nouvelle hérésie. Humble, il oppose aux orgueilleux sectaires la défiance qu'il faut avoir de ses propres lumières ; docile aux enseignements de l'Église, il ne peut admettre que l'on subtilise sur ses décisions ; rempli d'amour et de confiance en Dieu, il ne comprend pas que l'on ne voie dans le Dieu si miséricordieux de l'Évangile qu'un maître dur et implacable qui redemande ce qu'il n'a pas donné.

Il connaît d'ailleurs le cœur humain. Il n'ignore pas que nous avons souvent besoin d'être contenus par la crainte du châtiment, et que nous devons avec David demander à Dieu qu'il transperce notre chair de la crainte de ses jugements. Mais il sait que la charité doit nous dominer bien plus que la crainte ; il voit que l'amour de Dieu épanouit le cœur, centuple ses forces, fait faire beaucoup plus de bien et éviter plus de mal que la seule crainte des supplices éternels, et il emploie tous ses efforts à conserver intactes les miséricordieuses et consolantes doctrines de l'Église romaine. Il écrit aux évêques, aux princes, au pape, aux hérétiques eux-mêmes ; il agit de mille manières pour sauvegarder l'intégrité de la doctrine catholique[1]. Et quand il est parvenu à conserver bien pure cette source d'eau vive, il s'ingénie à la répandre partout.

Semblable à un agriculteur intelligent qui multiplie sur un sol aride et desséché les canaux qui vont répandre la fraîcheur et la fécondité, Vincent établit au champ de l'Église un puissant réseau d'irrigation morale et chrétienne; et ce réseau, ce sont d'abord ses séminaires qu'il assied dans toute la pureté de la science et de la discipline ecclésiastiques. Le premier essai date de 1635, au collège des Bons-Enfants. En 1637, le saint établit le *Séminaire interne*, pépinière de ses missionnaires ; il fonda, en 1638, le séminaire d'Annecy ; en 1643, celui de Cahors ; en 1644, celui de Saintes ; en 1645, celui du Mans, puis celui de Saint-Méen, au diocèse de Saint-Malo. C'est merveille de voir comme Vincent conçoit et organise ces foyers de vie sacerdotale. Il y demande, comme bases de la formation morale, l'humilité, la simplicité, l'esprit de foi et de prière, la correction bienveillante, mais ferme et constante, des défauts. Il y discute, avec une intelligence supérieure, les méthodes et plans d'études, le choix des auteurs, la manière de façonner les esprits, qu'il veut avant tout modestes, judicieux, solides et appliqués[2]. Féconde et sage impulsion, dont bénéficie encore aujourd'hui le clergé de France.

––––––––––

1. Dans cette triste affaire du Jansénisme, Vincent se montra aussi inflexible sur les principes que miséricordieux envers les personnes. Circonvenu par Saint-Cyran, Singlin, Arnauld et autres chefs de l'hérésie, Vincent se réfugie dans une humble docilité à l'Église romaine, discute avec un savoir théologique remarquable, exclut de sa Compagnie tous ceux qui sont imbus des doctrines nouvelles, et multiplie les démarches pour obtenir une complète soumission aux décisions du Souverain-Pontife. En même temps il presse avec la plus tendre et la plus humble charité les égarés de rentrer au bercail, il déploie auprès d'eux toutes les industries du zèle et de la plus bienveillante insinuation.

2. Lire, sur les idées de saint Vincent relativement aux séminaires, sa belle et longue lettre à M. Codoing, premier supérieur d'Annecy, alors en résidence à Rome.

A l'œuvre des séminaires s'ajoutent bientôt celle des retraites ecclésiastiques, source abondante de sanctification pour le clergé, puis celle des Missions. Celles-ci enveloppent le pays tout entier. Paris, Mende, Marseille, Reims, Toul, Rouen, la Champagne, la Normandie, la Bretagne, la Bourgogne, en reçoivent le bienfait. L'œuvre s'étend bien vite aux pays étrangers. Les États pontificaux, Gênes, la Corse, le Piémont, Tunis, l'Algérie, l'Irlande, la Pologne, Madagascar, appellent les missionnaires et les accueillent avec un pieux empressement. Les fruits de salut sont abondants et merveilleux ; au souffle de la parole apostolique et pressante des missionnaires, la vie chrétienne semble partout refleurir ; des milliers de témoignagnes en font foi[1]. Consciences rendues à la grâce après de longs oublis du devoir, confessions sacrilèges réparées, restitutions opérées, ennemis réconciliés, ordre et paix rétablis dans les familles, passions vaincues, vertus triomphantes, résignation et espérance revenues aux infortunés, consolation et salut aux mourants, tels furent les premiers résultats des missions créées par Vincent de Paul.

D'ailleurs pour les bien apprécier, qu'est-il besoin de scruter les annales du passé. L'histoire d'hier n'est-elle pas la réalité d'aujourd'hui ? La gloire de saint Vincent de Paul n'est-elle pas de se survivre dans le zèle apostolique de ses fils ; et qui de vous n'a été ému en voyant actuellement les immenses résultats des missions à la campagne ? Malgré les difficultés de notre temps, des populations déshabituées du chemin de l'église y reviennent en foule pour écouter les missionnaires, elles déposent leurs préjugés hostiles, retrouvent la foi avec le repentir et la paix. Qui ne s'est senti attendri en présence de ces foules recevant avec piété des mains du missionnaire le crucifix auquel elles restituaient au foyer

---

1. Voir, pour la théorie, le tableau et les merveilleux résultats des missions, les diverses *Vies* de Vincent de Paul, les *Lettres* du saint à M. Lucas, missionnaire à Montmirail, février 1638, et *Lettres* des missionnaires à Vincent. Richelieu favorisa ces missions et établit les prêtres de Vincent de Paul à Richelieu et dans son diocèse de Luçon. Louis XIII laissa, par testament, un fonds considérable pour ces œuvres apostoliques, spécialement 24,000 livres pour Sedan, où il devait y avoir un curé, sept prêtres et deux frères, tous de la Congrégation de Saint-Vincent de Paul.

domestique la place d'honneur qu'il avait depuis longtemps perdue; puis se pressant autour du tribunal de la pénitence et de la table sainte pour y puiser toutes les joies d'une conscience ressuscitée? Qui n'a été touché en voyant ces populations champêtres saluer de leur plus reconnaissant sourire et les yeux baignés de larmes le départ des missionnaires, et leur faire une escorte plus glorieuse dans sa simplicité que celle des plus renommés triomphateurs?

Merci, Messieurs, au nom de l'Église de France, du bien que vous faites à nos diocèses; que Dieu bénisse de plus en plus vos efforts si généreux et si désintéressés; qu'il conserve et qu'il augmente cette couronne de pieux et intelligents lévites, notre consolation et notre espérance!

Merci aussi à vous, Messieurs, membres si sympathiques des Conférences de Saint-Vincent de Paul; merci du concours si actif et si dévoué que vous prêtez à toutes les œuvres de miséricorde. Puisse l'esprit de votre saint patron vous animer de plus en plus, vous rendre heureux au service des pauvres! Daigne le Dieu de charité répandre sur vous et sur vos familles ses meilleures bénédictions, écarter de vos foyers le trouble, l'inquiétude et l'adversité!

Tous, mes frères, en cette fête de l'apôtre de la charité, puisons un sentiment plus vif de cette vertu qui est le caractère propre du christianisme et le secret de sa puissance. C'est par la charité que l'Église naissante a subjugué le monde païen; c'est par la charité qu'elle a sauvé les âmes. C'est aussi par le lien d'une étroite charité que ses fidèles ont pu, de tout temps, triompher des ennemis acharnés à la destruction de la foi. C'est encore par l'union et la charité que nous remporterons la victoire dans les luttes présentes, que nous opérerons notre salut et contribuerons à celui de nos frères. Ainsi soit-il.

www.ingramcontent.com/pod-product-compliance
Lightning Source LLC
LaVergne TN
LVHW050228180726
843501LV00013BA/3338